ANALISI DEL LIBRO

AF126370

Aspettando Godot
• • • • • • • • • • • • • •

SAMUEL BECKETT

ANALISI DEL LIBRO

Scritto da Alexandre Randal
Tradotto da Sara Rossi

Aspettando Godot

SAMUEL BECKETT

SAMUEL BECKETT

ROMANZIERE, POETA E DRAMMATURGO IRLANDESE

- **Nato nel 1906 a Dublino**
- **Morto nel 1989 a Parigi**
- **Alcune delle sue opere:**
  - *Molloy* (1951), romanzo
  - *Aspettando Godot* (1952), opera teatrale
  - *Fin de partie* (1957), opera teatrale

Samuel Beckett è stato uno scrittore irlandese nato a Dublino nel 1906. Nel 1928-1929 è stato docente di inglese all'École Normale Supérieure di Parigi e nel 1938 si è trasferito nella capitale francese. Nel 1945 inizia a scrivere opere in francese, come il romanzo *Molloy* (1951) e il dramma *Aspettando Godot* (1952).

Vincitore del Premio Nobel per la letteratura nel 1969, Samuel Beckett è uno dei principali autori di quello che è stato definito il teatro dell'assurdo, che ritrae con un umorismo molto nero il declino e l'ozio dell'uomo moderno. È morto nel 1989.

ASPETTANDO GODOT

L'ASSURDO COME CONDIZIONE DELL'UOMO MODERNO

- **Genere**: teatro dell'assurdo
- **Edizione di riferimento**: *En attendant Godot*, Paris, Éditions de Minuit, 1952, 136 p.
- **1° edizione**: 1952
- **Temi:** attesa, inattività, ricerca di senso, disperazione

Pubblicata nel 1952, *Aspettando Godot* è l'opera teatrale più famosa di Samuel Beckett. È stata diretta da Roger Blin nel 1953 al Théâtre Babylone di Parigi. Due uomini, Vladimir ed Estragone, aspettano invano un certo Godot, che non arriva mai. Girano in tondo, cercando di ingannare la noia e la disperazione nell'illusione di un linguaggio che non è altro che un vano chiacchiericcio. Nonostante le reazioni talvolta violente all'epoca della creazione di questo spettacolo sconcertante e inquietante, fu un successo internazionale.

SINTESI

L'opera è divisa in due atti. Mostra la crisi del personaggio nella misura in cui i quattro protagonisti in scena non fanno nulla e non hanno alcun obiettivo, se non quello di aspettare Godot che è il grande assente della commedia. Inoltre, gli eventi si ripetono all'infinito, senza lasciare alcun segno di evoluzione.

ATTO I

Una sera, su "una strada di campagna con un albero" (p. 9), Vladimir ed Estragone, due vagabondi cenciosi, si incontrano di nuovo. Estragone ha passato la notte in un fosso ed è stato picchiato, come racconta a Vladimir. All'inizio i due amici litigano, poi fanno pace. Chiacchierano.

Come ogni giorno, aspettano Godot, che ha detto loro che potrebbe arrivare. Estragone si addormenta e Vladimir lo sveglia perché si sente solo. Estragone vuole raccontargli il suo sogno, ma Vladimir rifiuta. Un'altra discussione, un'altra riconciliazione. Pensano di impiccarsi, ma Estragone conclude: "Non facciamo nulla. È più sicuro". (p. 22)

Entrano Pozzo e Lucky, il primo tiene il secondo al guinzaglio, Pozzo mangia e chiacchiera con Vladimir ed Estragone. Questi ultimi cercano di parlare con Lucky, che non risponde. Vladimir ed Estragone compatiscono il servo maltrattato dal padrone, ma dopo un patetico discorso di Pozzo, la situazione si ribalta completamente e accusano Lucky di essere crudele con lui. Lucky fa quello che gli viene detto: balla, poi fa un lungo e confuso discorso pseudo-scientifico e filosofico, intervallato da balbuzie. Lucky e Pozzo alla fine se ne vanno.

Un ragazzo entra e dice a Vladimir ed Estragone che il signor Godot non verrà, ma che potrebbe arrivare il giorno dopo. L'atto si conclude con la battuta di Vladimir: "Andiamo", e la didascalia che la segue: "Non si muovono" (p. 75).

ATTO II

Il giorno dopo, alla stessa ora e nello stesso luogo, Vladimir ed Estragone si incontrano di nuovo dopo una separazione: "L'albero ha delle foglie" (p. 79). Estragone è stato nuovamente picchiato e i due vagabondi discutono sull'opportunità di separarsi, ma la discussione non approda a nulla.

Estragone non ricorda cosa hanno fatto il giorno prima, mentre Vladimir lo interroga per rinfrescargli la memoria. Interpretano Pozzo e Lucky. Pensando che stia arrivando qualcuno, fanno la guardia.

Pozzo e Lucky fanno di nuovo il loro ingresso, ma questa volta Pozzo è cieco, mentre Lucky è, secondo il suo padrone, muto. Pozzo non sembra ricordare di aver incontrato qualcuno il giorno prima e, quando Vladimir gli chiede stupito da quanto tempo sia cieco, sostiene che la sua disabilità elimina il senso del tempo: "Non chiedermelo. I ciechi non hanno la concezione del tempo. Non vedono nemmeno le cose del tempo" (p. 122).

Pozzo e Lucky se ne vanno prima che il ragazzo ritorni. È lo stesso del giorno prima, ci dicono le indicazioni di scena, ma sostiene di essere qualcun altro. Godot non verrà nemmeno stasera, ma potrebbe arrivare il giorno dopo, dice a Vladimir ed Estragone.

I due amici pensano ancora una volta di impiccarsi, ma rinunciano perché la corda non è abbastanza resistente. Questa volta è Estragone a dire "Andiamo" e la regia dice, come la prima volta, "Non si muovono" (p. 134). Sipario.

STUDIO DEL CARATTERE

VLADIMIR E DRAGONCELLO

L'opera fornisce pochi indizi sui due personaggi principali. Sono vagabondi vestiti di "stracci" (p. 14). Entrambi indossano un cappello a bombetta. Pozzo gli attribuisce un'età compresa tra i 60 e i 70 anni (p. 37), mentre Vladimir stima di stare con Estragone da circa 50 anni (p. 74).

Nel corso delle conversazioni, i due parlano di alcuni elementi del loro passato. Ad esempio, apprendiamo che, secondo Vladimir – talvolta soprannominato "Didi" da Estragon – una volta andarono a vendemmiare nella Vaucluse; ma Estragon – o "Gogo" per Vladimir – non sembra ricordarsene (p. 86). Non ne sapremo molto di più.

I due personaggi funzionano come un duo comico. Estragone è goffo, spesso perde l'equilibrio ed è al centro di gag visive come la difficoltà di togliersi una scarpa, ad esempio. Non ricorda nulla, nemmeno quello che ha fatto il giorno prima. Vladimir, invece, ricorda gli eventi. È lui che interroga Estragone, spesso conduce il dialogo e può anche tenere discorsi più lunghi. Ha letto la Bibbia, o almeno i Vangeli, di cui parla all'amico all'inizio del primo atto a proposito di una certa contraddizione che ha notato (pp. 14-16). Estragone a volte lo ascolta distrattamente.

Entrambi sono caratteristici dei personaggi di Beckett: fisicamente ridotti. Questo è anche il caso, ad esempio, dell'opera

Fin de Partie. Si tratta di variazioni dello stesso modello piuttosto che di diversi attori in uno schema attoriale che è necessariamente incompleto perché la trama del dramma non progredisce. Estragone e Vladimir non progrediscono, continuano a ripetere le stesse idee e non arrivano da nessuna parte. Riempiono il vuoto delle loro vite recitando dei ruoli; giocano a litigare e a fare pace; giocano a essere Pozzo e Lucky, ma non recitano mai veramente. Si limitano ad articolare parole. A volte sembrano febbricitanti e diventano improvvisamente aggressivi l'uno verso l'altro.

POZZO E LUCKY

Pozzo e Lucky formano il secondo duo della commedia. Indossano anche bombette. Pozzo porta gli occhiali. Anche loro sono in viaggio e passano sempre dallo stesso posto. Tuttavia, essi sono in un certo senso i doppi invertiti di Vladimir ed Estragone. Infatti, sono legati dall'amicizia e si sostengono a vicenda. Sembrano essere fuori dal tempo, sfuggendo a tutti i vincoli esterni; sono solo in attesa e distratti, in una sorta di universo parallelo.

Al contrario, Pozzo e Lucky, il cui duetto si basa su un rapporto di potere ambiguo che sembra essere reversibile in qualsiasi momento, sembrano più radicati nella dura realtà di un mondo violento. Pozzo, il padrone, tiene Lucky per una corda legata al collo e lo costringe ad avanzare con una frusta. Il servo porta "una valigia pesante, una sedia pieghevole, un cestino della spesa e un cappotto (*sul braccio*)" (p. 28). Pozzo insulta il suo servo, lo chiama continuamente maiale e continua a dargli ordini secchi come si farebbe con un cane – a un certo punto Lucky è persino costretto a prendere la frusta tra i denti (p. 32). Ma dipende anche da Lucky, soprattutto nel secondo atto, quando è cieco.

Lucky è un personaggio che combina i due estremi del linguaggio: il silenzio e il vuoto chiacchiericcio. Il suo discorso pseudo-scientifico non è altro che un'assurdità. È allo stesso tempo sottomesso al suo padrone, ma anche aggressivo quando Estragone gli porge un fazzoletto. Sembra vecchio: "Prima ballava meglio", dice Pozzo, "ora è stanco". (p. 56)

Pozzo, invece, pronuncia lunghe filippiche, un discorso sempre vuoto, come nel caso della parodia del discorso lirico sul cielo:

> *"Circa un'ora fa (guarda l'orologio, tono prosaico) (tono di nuovo lirico) dopo averci versato da (esita, il tono si abbassa) diciamo le dieci del mattino (il tono si alza) torrenti incessanti di luce rossa e bianca, ha cominciato a perdere la sua brillantezza, a spegnersi". (p. 51-52)*

Pozzo e Lucky sono quindi personaggi ambivalenti che rappresentano aspetti della condizione umana, il rapporto con gli altri, la questione del potere e, come tutti i personaggi di Beckett, il rapporto con il linguaggio.

IL RAGAZZO

Il ragazzo interviene due volte, per avvertire Vladimir ed Estragone che il signor Godot non sta arrivando. La seconda volta non ricorda di essere venuto il giorno prima. Lavora per il signor Godot e si occupa delle capre. Suo fratello custodisce le pecore.

CHIAVI DI LETTURA

INFLUENZA ARTISTICA

Dall'ottobre 1936 all'aprile 1937, Beckett, allora in piena crisi esistenziale e creativa, decise di lasciare il suo posto di docente al Trinity College dell'Università di Dublino per intraprendere un viaggio nella Germania nazista. Grande amante dell'arte, e in particolare della pittura, Beckett vede questo viaggio come un modo per "confrontarsi con le opere d'arte […] per cercare, attraverso di esse, un altro mezzo di scrittura che possa produrre un effetto paragonabile a quello che esse producono, cioè che sia capace di andare oltre il carattere intellettuale della verbalizzazione per toccare direttamente il modo sensibile dell'essere, con la stessa forza delle immagini" (LAMBERT S., *Prima di Godot*, 2016, p. 55).

Il 14 febbraio 1937, a Dresda, un quadro cattura la sua attenzione: *Due uomini che contemplano la luna* di Caspar David Friedrich (pittore tedesco, 1774-1840). Beckett, pur non amando molto i pittori romantici – dice che la pittura di Friedrich è "Romanticismo con una differenza" (KNOWLSON J., *Beckett*, p. 336) – sente qualcosa di speciale nel quadro. Secondo James Knowlson, professore di letteratura e biografo di Beckett, in seguito egli disse a uno dei suoi amici che questo quadro era la fonte della sua opera teatrale.

Caspar David Friedrich è l'artista più emblematico della pittura romantica tedesca. È famoso soprattutto per l'opera *Il viaggiatore che contempla un mare di nuvole* (1818). Il dipinto che ha ispirato Beckett, *Due uomini che contemplano la luna*, mostra due uomini in piedi, inclinati, che guardano la luna al tramonto. Il paesaggio intorno a loro è inospitale; alla loro destra c'è un albero sradicato. I due uomini, uno appoggiato all'altro, sembrano fermi, spettatori di una realtà in cui non hanno parte. "Vladimir: "Allora, andiamo?". Estragone: "Andiamo". Non si muovono" (p. 75), restano lì, a contemplare la luna, ai piedi dell'albero.

IL TEATRO DELL'ASSURDO

È stato il critico del *Figaro Littéraire*, Jacques Lemarchand (scrittore e critico francese, 1908-1974), a raggruppare nei suoi articoli Samuel Beckett, Eugène Ionesco (drammaturgo francese di origine rumena, 1909-1994) e Arthur Adamov (drammaturgo francese di origine russa, 1908-1970) sotto il nome di "teatro dell'assurdo", mai rivendicato dai tre autori. Dopo il trauma della Seconda guerra mondiale (1939-1945) e il disincanto di un XXI secolo in cui Dio è morto, secondo Nietzsche (filosofo tedesco, 1844-1900), filosofi come Jean-Paul Sartre (filosofo e scrittore francese, 1905-1980) e Albert Camus (scrittore francese, 1913-1960) hanno dato ampio spazio al termine "assurdo" che, secondo loro, definisce la condizione dell'uomo moderno condannato a cercare invano il senso dell'esistenza.

 ## ESISTENZIALISMO E TEATRO DELL'ASSURDO

L'esistenzialismo è una scuola di pensiero nata con i filosofi Søren Kierkegaard (filosofo danese, 1813-1855) e Karl

Jaspers (psichiatra e filosofo tedesco, 1883-1969). In letteratura, i suoi rappresentanti sono Jean-Paul Sartre e Albert Camus. Sebbene suddiviso in diverse scuole, l'esistenzialismo si concentra sullo studio dell'esistenza umana, del suo significato e delle sue possibilità, postulando che gli esseri umani siano liberi nelle loro scelte e unici padroni della loro esistenza.

Il teatro dell'assurdo è un risultato diretto delle prime opere letterarie esistenzialiste, di cui *La Nausée* (1938) di Sartre e *L'Étranger* (1942) di Camus sono gli archetipi. Nel decennio successivo alla Seconda Guerra Mondiale, i drammaturghi del movimento assurdista si interrogarono essenzialmente sulla condizione umana e sul senso della vita, in un momento in cui l'umanità era allo sbando e disillusa dal parossismo della violenza raggiunto durante i sei anni di guerra.

L'assurdo in *Aspettando Godot*

Il personaggio che Vladimir ed Estragone stanno aspettando è stato spesso interpretato come una figura di Dio ("Godot" deriva da "God" in inglese). L'opera è quindi un'allegoria dell'assurdità dell'esistenza umana, spesa nella speranza di un Dio che non arriva. Ma Beckett ha sempre rifiutato che questa fosse la sua intenzione. Per lui il significato della sua opera è molteplice e il nome Godot potrebbe essere facilmente collegato a "godillot", in riferimento alla scarpa di Estragone, come immagine di derisione. E in effetti, essendo un'opera aperta, con una trama e un dialogo incoerenti, può essere facilmente interpretata in molti modi, rimanendo così ribelle a un'analisi irrevocabile.

👁 BECKETT DA SOLO

Beckett, fedele alla sua immagine, esprime perfettamente il suo rifiuto di attribuire un significato alla sua opera in una lettera a Michel Polac (giornalista francese, 1930-2012):

"Non ho idee sul teatro. Non ne so nulla. Non ci vado. È accettabile. Ciò che probabilmente è meno accettabile è, in primo luogo, scrivere un'opera teatrale in queste condizioni, e in secondo luogo, dopo averlo fatto, non avere alcuna idea al riguardo. Questo è purtroppo il mio caso. Non è dato a tutti di poter passare dal mondo che si apre sotto la pagina a quello dei profitti e delle perdite, e di nuovo indietro, imperturbati, come tra la fabbrica e il Café du Commerce. Non so nulla di quest'opera più di chiunque riesca a leggerla con attenzione. Non so con quale spirito l'ho scritto. Non so nulla dei personaggi se non quello che dicono, quello che fanno e quello che succede loro. Del loro aspetto ho dovuto indicare quel poco che ho potuto intravedere. Le bombette, per esempio. Non so chi sia Godot. Non so nemmeno, soprattutto, se esiste. E non so se ci credono o meno, i due che lo stanno aspettando. Gli altri due che entrano verso la fine di ciascuno dei due atti devono servire a rompere la monotonia. Per quanto ne so, l'ho mostrato. Non è molto. Ma per me è sufficiente, e più che sufficiente. Direi addirittura che mi sarei accontentato di meno. Quanto al voler trovare un significato più ampio e più alto a tutto questo, da portare via dopo lo spettacolo, con il programma e i ghiaccioli, non riesco a capirne il senso. Ma deve essere possibile". (Lettera di Samuel Beckett a Michel Polac, gennaio 1952)

Egli ribadisce questa distinzione Dio/Godot in una frase concisa, che chiude ogni speculazione sulla reale identità di Godot, tratta da una sua lettera a Ralph Richardson (attore britannico, 1902-1983): "Se per Godot avessi inteso Dio, avrei detto Dio, non Godot".

Per l'autore è tutto qui: sta a ciascuno di noi vedere il significato che più ci aggrada, ma non attribuiamogli alcuna intenzione particolare. Eppure non è un caso che molti commentatori – se non tutti – concordino sull'appartenenza di Beckett a un teatro dell'assurdo che enfatizza una condizione umana priva di senso.

Nel suo testo ci sono diversi passaggi su Dio (p. 108), Gesù (p. 73) o episodi della Bibbia (p. 15 e 117), ad esempio quando Vladimir racconta a Estragone la storia dei due ladroni, interrogandosi sulle diverse versioni dell'episodio riportate dagli evangelisti (p. 15). Questa storia può essere letta come un'allegoria della condizione umana, che qui si riduce a due possibilità: essere salvati da Dio o essere dannati. Ma Dio può salvare gli uomini? Alla fine, infatti, non sappiamo di cosa si tratti; forse i due ladri sono stati dannati, lasciando in dubbio l'esistenza di Dio. Riuscirà Godot – al quale Estragone e Vladimir hanno rivolto "una specie di preghiera" (p. 23) e che porta "una barba bianca, come la maggior parte delle rappresentazioni di Dio" (p. 130) – a dare un senso all'attesa di Didi e Gogo?

Altre allusioni rafforzano questa interpretazione dell'opera. Così, in diverse occasioni, Beckett adorna i suoi personaggi di un aspetto universale: "[…] l'umanità siamo noi, che ci piaccia o no" (p. 112); "Siamo uomini" (p. 115); "È tutta l'umanità" (p. 118). E Pozzo arriva a stabilire ironicamente il rapporto dell'uomo con Dio: "Voi però siete esseri umani. (*Si mette gli occhiali*) Per quanto posso vedere. (*Si toglie gli occhiali*) Della mia stessa specie. (*Scoppia in una grande risata*) Della stessa specie di POZZO! Di origine divina" (p. 30).

L'intera umanità si crede di origine divina e attende la venuta di Dio, un Dio che potrebbe non venire mai, che potrebbe non esistere. Anche i personaggi di Beckett, pur ridotti all'attesa, sembrano lucidi sull'assurdità e l'inconsistenza della loro esistenza, che è come un sogno o un incubo. Lo dimostrano diversi passaggi, come quello in cui Estragone vuole raccontare all'amico il suo sogno:

> "ESTRAGON – *Stavo sognando che...*
> VLADIMIR – *NON DITELO!*
> ESTRAGONE *(gesticolando verso l'universo) – Ti basta questo?" (p. 19)*

Più avanti, Pozzo diventa cinico evocando la notte – o la morte: "[...] dietro questo velo di morbidezza e di calma (*alza gli occhi al cielo, gli altri lo imitano, tranne Lucky*) la notte galoppa (*la voce si fa più vibrante*) e verrà a balzare su di noi (*schiocca le dita*) pfft! così – (*l'ispirazione lo abbandona*) quando meno ce lo aspettiamo. (*Silenzio. Voce cupa*) È così che va su questa fottuta terra" (p. 52). Estragone ironizza: "Troviamo sempre qualcosa, vero Didi, che ci faccia sentire di esistere?" (p. 97) E Vladimir non è da meno: "È vero che soppesando, a braccia conserte, i pro e i contro, facciamo onore anche alla nostra condizione". (p. 112)

Si chiedono: "E noi? [Vladimir ha una vera e propria crisi di coscienza]" (p. 128), ma poi riprende la sua attesa come negli altri giorni.

L'OPINIONE DI IONESCO

Pochi giorni dopo la morte di Samuel Beckett, un altro grande autore del teatro dell'assurdo, Eugène Ionesco, espresse la sua opinione sullo scrittore irlandese in un'intervista del 4 gennaio 1990 a Guy Dumur (scrittore e critico letterario francese, 1921-1991) del settimanale *Le Nouvel Observateur*. Ionesco riassume brillantemente l'opera di Becket ed esprime la sua opinione su Godot:

> *"Sono soprattutto i grandi temi della morte e del malessere esistenziale a essere importanti nell'opera di Beckett: egli scriveva in un momento in cui il teatro politico e il theatre de boulevard erano al centro della scena. Non ne ha tenuto conto. Distrugge il vecchio teatro e ne crea uno completamente nuovo. Mette in scena la vita nei suoi fondamenti essenziali, il rapporto dell'essere umano con se stesso, con il trascendente, con il divino. I suoi commentatori possono non essere d'accordo, e lui stesso non ha mai commentato la sua opera, ma io l'ho sempre pensato: Aspettando Godot esprime la disperata attesa di Dio. Non si può capire Beckett, non si può capire il suo teatro se si toglie questa dimensione metafisica". (BOUHEY A., Le tragique chez Eugene Ionesco)*

Così, in tutta l'opera, ci sono tracce visibili di questa assurdità in cui Beckett rifiuta di riconoscersi.

Il teatro classico disprezzato

In ogni caso, è certo che la pièce sfida le convenzioni del teatro classico, allestendo:

- azione che non va avanti ("Non succede niente, nessuno viene, nessuno va, è terribile", dice Estragone nel primo atto, p. 57-58);
- dialogo basato su dettagli, quotidianità e ripetizioni, che non fanno avanzare la trama.

L'opera ha due atti e, come molte opere moderne, non è divisa in scene. I due atti sono quindi due tableaux, come due facce di uno specchio. L'opera è una lunga attesa, una marcia verso il nulla e il niente, e in questo riflette le caratteristiche dell'assurdo.

LA LINGUA

Riempire il vuoto dell'esistenza

Poiché nella commedia non accade nulla, l'unica azione diventa il discorso, ma si tratta di un linguaggio disperato che serve solo a riempire il vuoto dell'esistenza.

> *"ESTRAGONE: [...] Non siamo in grado di tacere.*
> *VLADIMIR – È vero, non possiamo smettere di parlare.*
> *ESTRAGONE – Questo è per non pensare.*
> *VLADIMIR: Abbiamo delle scuse.*
> *ESTRAGONE: È PER non aver sentito.*
> *VLADIMIR – Abbiamo le nostre ragioni". (p. 87)*

Così, anche quando il dialogo offre la possibilità di fornire informazioni, come quando il ragazzo viene ad avvertire Vladimir ed Estragone, viene parassitato da ostacoli: i due compagni tormentano il ragazzo perché parli e, quando sta per farlo, lo interrompono e gli impediscono di dire ciò che ha da dire. Il linguaggio è quindi solo un riflesso del vuoto: è incapace di esprimere la realtà e serve solo a passare il tempo.

Figure retoriche

Seguendo questo approccio di parlare per il gusto di parlare, Beckett introduce alcune figure retoriche, come questa lunga assonanza con il suono "en":

> "*ESTRAGON: stiamo aspettando.*
> *VLADIMIR – Sì, ma mentre aspettiamo?*
> *ESTRAGONE – Perché non ci impicchiamo?*
> *VLADIMIR – Sarebbe un modo per ottenere un'erezione.*
> *ESTRAGONE (infastidito) – Un'erezione?" (p. 21)*

La vanità del linguaggio è ulteriormente illustrata da diverse antinomie tra ciò che si dice e ciò che si fa. Così, ognuno dei due atti si conclude con le parole "Andiamo" seguite dalla didascalia "*Non si muovono*".

 L'OPINIONE DI IONESCO

I ricordi dell'autore de *La cantatrice calva nell'*intervista rilasciata a Guy Dumur il 4 gennaio 1990 forniscono un'idea della visione di Beckett sul silenzio e sulla parola:

"Ricordo di aver visto Samuel Beckett con il pittore Bram Van Velde [pittore olandese, 1895-1981] alla Coupole. Passarono ore insieme, immobili, senza scambiarsi una parola. Quando si separavano, Beckett diceva: 'Ci siamo divertiti', e questo era tutto. Quando penso a lui, mi viene in mente questa frase di Alfred de Vigny [scrittore francese, 1797-1863]: 'Solo il silenzio è grande, tutto il resto è debolezza'".

"Per Beckett il discorso era solo chiacchiera. È stato inutile. Era [definito] il teatro dell'assurdo. L'espressione è stata coniata da un critico inglese, Martin Esslin. È stato applicato anche alle mie opere e a quelle di Adamov, un drammaturgo oggi ingiustamente

PROVE E ATTESA

L'opera si svolge in una sorta di non-luogo e in un tempo indefinito. L'unica scenografia è un albero, che fornisce anche l'unica indicazione del passaggio del tempo: le foglie crescono durante la notte.

A parte questo, il tempo sembra essersi fermato. I personaggi si trovano nel bel mezzo del nulla, in attesa. "Cosa stiamo facendo", dice Vladimir, "è questo che dobbiamo chiederci. Abbiamo la possibilità di scoprirlo. Sì, in questa immensa confusione, solo una cosa è chiara: stiamo aspettando che arrivi Godot" (p. 112). Tuttavia questa stessa attesa rimane imprecisa: stanno aspettando Godot, anche se non sono sicuri che arriverà mai, e non sanno esattamente cosa vogliono da lui.

Perdono la cognizione del tempo e ogni giorno è un'eterna ripartenza. I dialoghi e le situazioni si ripetono spesso.

Ogni possibilità di azione è negata. Anche la morte, che sarebbe l'unica via d'uscita da questo ciclo senza fine, è solo prevista dai due compagni e mai realizzata. Per riempire questo vuoto, tutto ciò che devono fare è parlare. I dialoghi, privi di senso e ripetitivi, non progrediscono mai. Sono sempre le stesse false argomentazioni e riconciliazioni.

D'altra parte, l'oggetto è importante: i passaggi silenziosi degli accessori di manipolazione, come le scarpe o il cappello che passa da una testa all'altra, sono solo manifestazioni del vuoto, dell'assenza di significato e di scopo.

TRAGICO E COMICO

Aspettando Godot mescola perfettamente elementi tragici e situazioni comiche.

Vladimir ed Estragone, prigionieri della loro condizione mortale, simboleggiano l'angoscia esistenziale dei personaggi del teatro dell'assurdo. Aspettano Godot, ma non arriva nessuno, e il giorno dopo sono ancora in attesa, ammazzando il tempo solo con chiacchiere inutili. Il senso di vuoto che emerge da questa attesa è inquietante; i personaggi sono annegati nel tempo e devono affrontare l'angoscia di un'esistenza senza un vero scopo. La vita stessa è diventata un'attesa insopportabile. Per i due personaggi principali, la tragedia è quindi l'attesa di una possibile liberazione che dia un senso alla loro vita. "Stiamo aspettando. Ci stiamo annoiando". (p. 113) La tragedia del destino umano e l'insensatezza che circonda la vita li portano ad avvicinarsi e persino a contemplare la morte: "Un giorno nasciamo, un giorno moriamo" (p. 126); "E se ci impiccassimo?" (p. 132). Aspettando Godot mostra così il vuoto dell'esistenza e la tragedia della condizione umana, mettendo in scena allo stesso tempo la speranza che qualcosa alla fine possa accadere.

L'aspetto comico della commedia si basa sulla comicità situazionale, sulle parole incongrue e sulle scene contraddittorie tra le parole dei personaggi e le indicazioni sceniche. Un esempio è la situazione burlesca dell'infinito scambio di cappelli tra Vladimir ed Estragone, che ricorda le gag del duo comico Stanlio e Ollio (p. 101). C'è anche il passaggio in cui Pozzo, Estragone e Vladimir si salutano a turno, anche se le indicazioni sceniche dicono il contrario e nessuno si muove (p. 65). O la comicità della ripetizione, come l'eterno "Stiamo aspettando Godot", cantato ripetutamente da Vladimir ed Estragone. Inoltre, l'autore utilizza la mise en abyme per rafforzare l'umorismo della commedia con una grande dose di autoironia: "Non succede niente, nessuno viene, nessuno va, è terribile" (p. 57-58).

In questa incessante ricerca di senso, la risata ci permette di prendere in giro la tragedia della condizione umana e di sopportare meglio l'attesa di un evento che, se accadesse, darebbe un senso all'esistenza. Questo umorismo nero, presente in tutta l'opera, è evidente in alcune battute dei personaggi, ad esempio quando Vladimir dice a Estragone che avrebbe dovuto essere un poeta ed Estragone risponde: "Lo ero. (*Gesticola verso i suoi stracci.*) Non si vede?" (p. 14); oppure, in relazione al ballo di Lucky:

> "Pozzo" – [...] *Sapete come lo chiama?*
> Estragone – *La morte del lampionaio.*
> Vladimir – *Il cancro dei vecchi".* (p. 56)

Questa pièce, ispirata al quadro di Friedrich, è una perfetta sintesi delle ossessioni di Beckett per l'impossibilità della comunicazione umana e l'estrema solitudine umana.

SPUNTI DI RIFLESSIONE

ALCUNE DOMANDE PER UN'ULTERIORE RIFLESSIONE...

- Cosa rende questo spettacolo diverso dal teatro classico? Cosa fa Beckett con la regola delle tre unità?

- Possiamo tracciare un ritratto tradizionale dei personaggi? Sono distinguibili l'uno dall'altro?

- Perché possiamo dire che i personaggi sono caricature?

- I due protagonisti principali sono dei vagabondi. Ha un significato particolare?

- Che ruolo ha il linguaggio in questo lavoro? Argomentate fornendo esempi tratti dall'opera.

- Confrontate questa opera con *Fin de partie*. L'approccio di Beckett è lo stesso? Giustificate questo.

- Spiegate come la nascita del teatro dell'assurdo sia legata al contesto politico dell'epoca.

- Perché, secondo voi, Beckett collega il tragico e il comico?

- Confrontate questa commedia con quelle di Adamov e Ionesco. Quali sono le somiglianze e le differenze?

- Questo lavoro è stato un grande successo. Come si spiega questo?

- Data l'inesistenza dell'azione, come vi comportereste nella regia di *Aspettando Godot*?

PER ANDARE OLTRE

EDIZIONE DI RIFERIMENTO

BECKETT S., *Aspettando Godot*, Parigi, Éditions de Minuit, 1952.

STUDI DI BENCHMARK

ARON P., SAINT-JACQUES D. E VIALA A., *Le Dictionnaire du littéraire*, Paris, PUF, coll. "Quadrige", 2004, p. 2-3 e 216-217.

ASSOULINE P., "Sur Godot, on n'attendait plus que Beckett", in *La République des livres*, 5 dicembre 2015, consultato il 31 agosto 2016.

http://larepubliquedeslivres.com/sur-godot-nattendait-plus-que-beckett/

BECKETT S., *Lettere, II: Gli anni di Godot (1941-1956)*, Parigi, Gallimard, collana "Blanche", 2015.

BOUHEY A., *Le tragique chez Eugene Ionesco,* consultato il 22 settembre 2016.

http://abouhey1.free.fr/ionesco_voyages.htm

ÉMELINA J., "Samuel Beckett e il tragico (*Aspettando Godot, Fin de Partie*)", in *Loxias*, 20 dicembre 2009, consultato il 31 agosto 2016.

http://revel.unice.fr/loxias/index.html?id=3173

KNOWLSON J., *Beckett*, Arles, Actes Sud, coll. "Babel", 2007.

LAMBERT S., *Avant Godot*, Parigi, Arléa, coll. "La rencontre", 2016.

VERBRUGH C., *Samuel Beckett, l'écrivain du néant*, Bruxelles, Lemaitre Publishing, coll " 50 minuti ", 2015.

ICONOGRAFIA

Due uomini che contemplano la luna (1820), dipinto di Caspar David Friedrich, 1819-1820. La foto qui riprodotta è priva di diritti.

Vogliamo sapere da voi!
Lasciate un commento sulla vostra biblioteca online
e condividete i vostri libri preferiti sui social media!

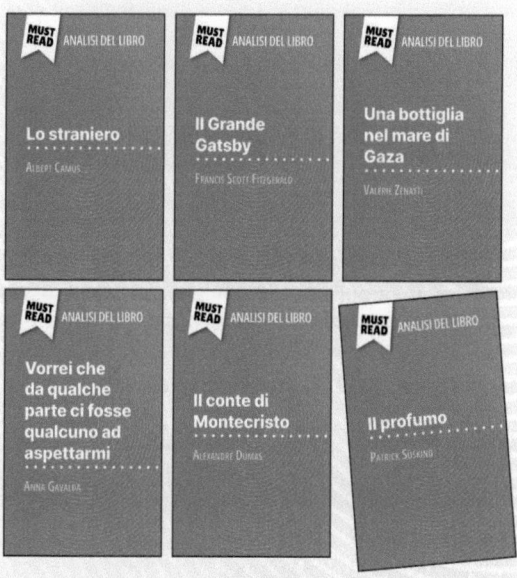

www.50minutes.com

Master ISBN: 9782808690430
ISBN cartaceo: 9782808611831
Deposito legale: D/2023/12603/1463

Copertura: © Primento

Concezione digitale a cura di Primento, il partner digitale degli editori.